AF259941

UNE SÉRIE

DE

FAUTES POLITIQUES

PAR

QUELQU'UN

PARIS

TYPOGRAPHIE GEORGES CHAMEROT

19, RUE DES SAINTS-PÈRES, 19

1881

UNE SÉRIE

DE

FAUTES POLITIQUES

PAR

QUELQU'UN

PARIS

TYPOGRAPHIE GEORGES CHAMEROT

19, RUE DES SAINTS-PÈRES. 19

1881

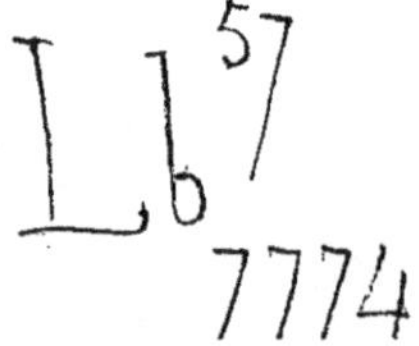

UNE SÉRIE

DE

FAUTES POLITIQUES

Un évènement politique, qui a causé une surprise générale, s'est produit dans ces derniers temps en Europe. La France, après avoir posé la question hellénique au sein du Congrès de Berlin, après l'avoir patronnée et dirigée ostensiblement pendant plus de deux ans, après lui avoir donné une solution ratifiée par toutes les puissances réunies en conférence, après tout cela, la France a battu un beau matin précipitamment en retraite. Et, non contente d'avoir abandonné les Hellènes, ses protégés, elle a encore infirmé, par une interprétation arbitraire, le titre que sa protection tutélaire leur avait valu, le nouveau titre qu'elle avait acquis à leur reconnaissance. Elle a déclaré facultatif le protocole de la Conférence de Berlin.

Ce revirement incompréhensible a été l'objet d'interpellations dans la Chambre française et d'une discussion passionnée dans la presse européenne. Quelques journaux parisiens l'ont caractérisé avec une juste sévérité; d'autres — et c'est le plus grand nombre — n'y ont vu qu'un moyen pratique de dégager la responsabilité de leur pays d'un différend, lequel, suivant eux, menace de mettre le feu aux quatre coins de l'Europe et d'entraîner la France dans des complications auxquelles nul esprit humain ne saurait assigner des limites.

L'auteur de ce travail se propose d'établir que ce fait, regrettable à tous égards, n'est pas seulement une palinodie gratuite, attestant une certaine inexpérience, dans la direction des affaires étrangères, mais encore un acte antipatriotique, un des derniers anneaux d'une chaîne de fautes politiques, pouvant avoir des conséquences d'une incontestable gravité. A cet effet, que le lecteur impartial veuille bien nous suivre dans l'examen rétrospectif de la politique des principaux États européens par rapport à la question d'Orient, dont le différend turco-hellénique fait partie intégrante.

Quand le prince de Bismarck, à la tête de la triple alliance, secondait les vues ambitieuses de la Russie sur la presqu'île des Balkans et encourageait les agissements des comités panslavistes, tout en resserrant l'entente particulière de son pays avec l'Autriche-Hongrie, on lui attribuait à Paris le dessein d'adjuger au colosse du Nord une bonne partie de la Turquie d'Europe, pour annexer de son côté à l'Allemagne les provinces occidentales de l'Autriche jusqu'à Trieste inclusivement. Cette croyance était si répandue, que les organes les plus autorisés de la presse française prenaient en pitié le comte Andrassy, qu'un aveuglement inconcevable semblait pousser dans le piège tendu par l'insatiable chancelier. Quand, plus tard, le prince de Bismarck s'entendit avec lord Beaconsfield à Berlin, pour faire céder à l'Autriche-Hongrie la Bosnie et l'Herzégovine avec le titre d'héritière de l'empire ottoman et livra la Russie à la discrétion de l'Angleterre, on trouva fort naturel, à Paris, qu'il cherchât à prémunir l'Allemagne contre les suites de l'expansion du slavisme, en donnant à l'Autriche-Hongrie un poste avancé dans les possessions du Sultan, d'où elle pût veiller sur la ligne des Balkans.

Eh bien, non. Dans tout cela, le chancelier allemand n'a eu, comme il n'a actuellement, que deux choses en vue : isoler la France, et assurer à son pays l'alliance de l'Angleterre. C'est là le double objectif de sa politique orientale, depuis la guerre de 1870-71 jusqu'à ce jour. Mais tâchons plutôt de mettre en relief les traits les plus saillants de cette politique pendant la période que nous venons d'indiquer. Les faits parlent assez haut, et leur éloquence n'admet pas de réplique.

Quand la guerre franco-allemande fut sur le point d'éclater, le gouvernement russe n'hésita pas un instant à se rendre garant envers le cabinet de Berlin de la stricte neutralité de l'Autriche, sans mettre d'autre condition à ce service signalé, que l'abolition de la clause du traité de Paris concernant la mer Noire. Ce désintéressement n'était toutefois qu'apparent; car la Russie se promettait de tirer de cette guerre des avantages indirects très considérables. Elle avait une haute opinion des forces militaires de la France et elle s'exagérait l'infériorité de la landwher vis-à-vis des troupes régulières. Elle crut dès lors que la lutte serait longue et pénible et que les deux adversaires en sortiraient affaiblis.

Cette perspective faisait entrevoir à son ambition de nouveaux horizons; elle se voyait déjà maîtresse de la situation, pivot de la politique générale, arbitre de l'Europe. Après cela, avait-elle besoin de marchander pour sa neutralité bienveillante et pour celle qu'elle allait imposer à l'Autriche? Évidemment non. Elle devait même modérer ses exigences, afin de ne point ajouter aux appréhensions du roi Guillaume, à qui on avait déjà de la peine à arracher le décret de mobilisation. La Russie était impatiente de voir éclater la guerre.

La nouvelle des premières victoires allemandes remplit les Russes de joie. Ils en inféraient que la lutte dégénérerait en guerre d'extermination et ils s'écriaient avec joie : « Notre intérêt exige qu'ils s'épuisent complètement tous les deux. » Mais cela n'eut pas lieu, pour l'Allemagne du moins, et sur les débris de la puissance militaire de la France une autre puissance s'éleva plus redoutable pour la Russie par son voisinage, l'empire allemand. Le dépit en fut grand à Saint-Pétersbourg, où l'on s'aperçut alors que le rôle de gendarme de la Prusse avait été joué à trop bon marché. On y fit néanmoins bonne mine à mauvais jeu et l'on s'empressa de réaliser la maigre compensation stipulée, de ramasser l'os jeté par l'Allemagne à son alliée bienveillante. Une note, signée Gortschakoff, fut lancée avec fracas dans le domaine de la publicité pour dénoncer l'article du traité de Paris, qui avait neutralisé la mer Noire jusque-là. On s'en émut à Londres, à Vienne et à Constantinople, mais on en rit à Versailles. Le chancelier allemand proposa d'un côté la Conférence de Londres, pour modifier le traité de Paris dans le sens de la note du cabinet de Saint-Pétersbourg, et dépêcha d'un autre côté un homme de confiance à Vienne, pour se réconcilier avec l'Autriche-Hongrie. Il avait hâte de s'assurer que le dépit russe n'irait pas plus loin.

Les négociations qui eurent lieu à cette époque entre les cabinets de Vienne et de Berlin et qui aboutirent peu après à l'entente austro-allemande, furent conduites avec habileté et discrétion, et constituent un des points obscurs de l'histoire contemporaine. C'est que ce moment-là fut critique pour l'Allemagne : Paris n'avait pas encore capitulé, et elle avait sur les bras la levée en masse, décrétée par le gouvernement provisoire ; elle était soupçonnée par la Grande-Bretagne, détestée par l'Autriche et vue de mauvais œil par la Russie. Sans l'entente avec la vaincue de Sadowa, elle fût restée dans un isolement aussi complet que dangereux.

Les ouvertures du chancelier allemand se firent à Vienne avec opportunité, alors que le monde politique était encore sous l'empire du trouble causé par la dénonciation du traité de Paris. Mais, sans cela, elles eussent été tout de même accueillies avec empressement, attendu que, par suite de la tendance accentuée aux agglomérations des races, qui caractérise notre siècle, l'Autriche, en sa qualité d'État composé d'éléments hétérogènes, est inquiète de l'avenir et ne peut se passer d'un puissant appui au dehors. Les victoires allemandes avaient eu d'ailleurs leur contre-coup au sein de l'empire des Habsbourg. Des manifestations de vive et bruyante sympathie pour la cause de la grande patrie allemande éclataient sans cesse dans plusieurs villes de la monarchie à la fois et faisaient défaillir le parti militaire lui-même, en dépit de la rancune que celui-ci gardait encore à la Prusse. L'idée de renoncer pour toujours au rêve de l'hégémonie sur l'Allemagne et de faire de l'Autriche-Hongrie une puissance orientale commençait à prévaloir dans les sphères dirigeantes et à gagner la cour. Dès ce moment, les théories antiprussiennes du comte de Beust et de certaines personnalités haut placées dans la hiérarchie militaire furent complètement abandonnées, et l'entente avec Berlin fut décidée.

Tranquille, aussi bien du côté de l'Est que du côté de l'Ouest, le chancelier allemand était depuis quelque temps absorbé par le travail que l'organisation du nouvel empire lui imposait, lorsqu'il fut distrait soudainement de ses préoccupations intérieures par la libération du territoire français et par le mot de revanche murmuré d'un bout à l'autre de la France. Il avait évidemment apprécié bien au-dessous de sa valeur réelle la prodigieuse vitalité de son adversaire, qu'il avait terrassé un instant, mais dont il n'avait pu ni anéantir l'esprit militaire, ni épuiser les immenses ressources.

La France se relevait graduellement de ses désastres, et ce relèvement devait être désormais le cauchemar du chancelier, une menace perpétuelle, dirigée contre l'unité de l'empire allemand, qu'il s'appliquait à cimenter. Avec l'esprit de pénétration qui le caractérise, il devina ce qui devait fatalement arriver à cet empire, qui lui apparaissait déjà courbé sous le poids des impôts et faisant des efforts surhumains pour maintenir ses forces militaires à la hauteur de celles de la France. Il comprit qu'abandonnée à ses propres moyens, l'Allemagne finirait par succomber dans une lutte inégale sur le terrain économique, et qu'il fallait lui ménager un point d'appui au dehors, rattacher ses intérêts à l'intérêt général de l'Europe, et conclure encore une alliance, mais cette fois avec un État puissant, capable de suppléer, en cas de guerre, par ses ressources, à l'exiguïté de celles de son pays. Il conçut dès lors le projet de se servir de la question d'Orient pour s'attacher l'Angleterre. L'alliance de cet État offrait à ses yeux le double avantage d'isoler la France, et de neutraliser l'Italie par l'action de la marine britannique sur les côtes si étendues de cette péninsule. De sorte que, tranquille du côté de sa turbulente voisine, l'Autriche tiendrait la Russie en respect, tandis que l'Allemagne et l'Angleterre feraient face à la France. Le prince en était déjà arrivé à chercher l'équilibre.

Pour atteindre à ce but, il essaya de faire vibrer la corde sensible des Anglais, d'exciter leur russophobie, et prit avec l'Autriche à Constantinople une attitude franchement antirusse. Il ambitionnait visiblement le rôle de la France dans la question d'Orient; il voulait se constituer le défenseur des intérêts britanniques, offrir à la politique anglaise Berlin comme point d'appui continental à la place de Paris, et trouver en échange, dans la solidarité, dans l'alliance avec la Grande-Bretagne, une garantie contre toute entreprise ultérieure de la France.

L'entente austro-allemande, qui ne s'était traduite, jusqu'à 1872, par aucun fait ostensible, débuta à cette époque à Constantinople par une opposition systématique aux agissements des agents russes. Une démarche du baron de Alten, consul d'Allemagne à Jérusalem, contre les empiétements de son collègue de Russie, et quelques entrevues du patriarche œcuménique avec le représentant de l'Allemagne à Constantinople, des faits après tout sans importance, suffirent néanmoins à donner l'éveil à Saint-Pétersbourg. De là une campagne en règle de la presse russe contre le chancelier allemand, qui avait conçu, disait-elle, le projet audacieux de combattre l'influence légitime de la Russie sur les populations orientales. A un certain moment, la *Gazette de Moscou,* exaspérée par ce qu'elle appelait l'immixtion de l'Allemagne dans des affaires qui ne la regardaient point, menaça le cabinet de Berlin d'une alliance franco-russe pour délivrer le monde de l'orgueil prussien.

Mais, tandis que le journal de M. Katkoff ouvrait un feu roulant contre l'Allemagne, le cabinet britannique ne paraissait point touché des avances du prince de Bismarck, qui provoquait ainsi la Russie sans raison, sans profit. C'est que ce cabinet, à la tête duquel se trouvait M. Gladstone, était composé d'hommes qui, pour la plupart, condamnaient la guerre de Crimée, et la considéraient même comme la plus grande faute politique du siècle. Ce contre-temps ne rebuta pas toutefois l'infatigable chancelier. Il prit le parti de forcer la main à l'Angleterre. A cet effet, il pensa l'effrayer en donnant plus de consistance au danger slave, et, changeant de tactique, il prit la voie tout à fait opposée à celle qu'il avait suivie jusque-là, une voie plus longue, mais plus sûre. Au lieu de combattre les visées de la Russie, il résolut de les favoriser et d'encourager l'action du panslavisme. Son entente avec l'Autriche lui permettait de laisser faire la Russie, sans avoir à redouter des surprises et des faits accomplis. Celle-ci allait donc servir d'instrument d'intimidation ; elle allait affoler l'Angleterre et la jeter dans les bras de l'Allemagne.

Pour cela, il allait opérer l'homme malade sous la surveillance, sous le contrôle du prince de Bismarck, qui restait maître de la situation, et pouvait arrêter l'expérience quand bon lui semblerait. Cette résolution prise, le chancelier allemand créa la triple alliance par l'entrevue des trois empereurs.

La Russie entra sans aucune défiance, sans aucune hésitation, dans cette alliance. Convaincue que l'antagonisme renaissant entre la France et l'Allemagne devait lui donner la suprématie dans les conseils de l'Europe, elle était parfaitement justifiée de mettre ce ravirement politique des puissances allemandes sur le compte des appréhensions qu'avait dû leur inspirer l'épouvantail de l'alliance franco-russe qu'elle avait agité. Aussi entra-t-elle la tête haute dans la triple entente et se donna-t-elle dès le principe les airs de promotrice, de protectrice, de la combinaison. Elle crut tenir enfin la prépondérance politique ambitionnée, et être devenue le centre vers lequel tout devait converger désormais. Il n'en fallait pas davantage pour faire prendre au général Ignatiew, à Constantinople, les allures d'un véritable dictateur. Non content de fomenter des troubles et de semer la discorde au sein des populations, il se donnait encore le plaisir malin d'humilier à tout propos ses collègues et alliés d'Allemagne et d'Autriche. « Quand je vais à la Porte, dit-il un jour en riant aux éclats, je représente la Sainte-Trinité ; car j'ai toujours mon ami le représentant d'Allemagne dans ma poche de droite et mon autre ami d'Autriche, dans celle de gauche. »

Ainsi, la Russie méconnaissait la situation qui lui était faite aussi bien que le rôle qu'elle allait jouer dans la combinaison du prince de Bismarck, et abusait visiblement de la complaisance de ses alliés. Son arrogance, la constante hauteur de sa présomption, avaient fini par blesser les susceptibilités allemandes, et la morgue prussienne se révoltait contre la soumission aveugle que le cabinet de Saint-Pétersbourg réclamait, contre la vassalité qu'il cherchait à imposer à ses alliés. La Prusse de 1875 n'était plus la Prusse d'autrefois, qui acceptait sans murmurer le rôle de satellite que lui assignait l'orgueil des czars. La presse libérale surtout était indignée de la complicité dont le cabinet de Berlin se rendait coupable en Orient, et demandait l'explication de cette politique incompréhensible. « Avons-nous sacrifié, disait-elle, des milliers d'existences, chères à la patrie, pour créer un empire vassal de la Russie ? »

Le chancelier lui-même était las de l'air de protection qu'affectait le prince Gortschakoff, et sentait qu'il lui serait difficile de subir plus longtemps le joug russe. Mais, d'autre part, la France procédait à une organisation militaire formidable. Fallait-il renoncer à poursuivre l'alliance de l'Angleterre par cette voie humiliante, ou bien fallait-il persévérer encore au préjudice de la dignité nationale et de sa propre popularité ? L'un et l'autre parurent mauvais au prince, et, pour sortir d'embarras, il s'arrêta au parti le plus expéditif : il résolut de se jeter sur la France et d'écraser les forces renaissantes de la République, qui troublaient son sommeil, et qui lui imposaient une politique si peu en harmonie avec son tempérament. Mais, aux premières dispositions qu'il prit, l'alarme en fut donnée par la presse, et le czar, dont la prépondérance n'avait d'autre base que l'antagonisme entre la France et l'Allemagne, courut à Berlin et l'arrêta. Avec la France, le czar sauva alors son prestige à Constantinople, où, à l'ombre de la triple entente, le général Ignatiew disloquait l'empire ottoman. On assure qu'à cette occasion, le langage d'Alexandre II à Berlin fut déparé par une nuance de menace. Non seulement il ne prit plus cette fois sur lui d'empêcher l'intervention de tiers, mais il rejeta nettement sur son oncle la responsabilité des conséquences, en ayant soin d'ajouter, — et c'est ici que perce la menace, — qu'il ne pouvait guère répondre de l'attitude du peuple russe en présence d'une si injuste agression. On comprend combien ces paroles ont dû impressionner le vieux monarque, soucieux avant tout de ne point risquer sa gloire et sa couronne impériale, et combien elles ont dû influer sur les évènements. On comprend aussi le vif regret, le dépit, que dut en ressentir le prince de Bismarck, qui lisait au fond de la pensée de l'empereur de Russie, et connaissait parfaitement le vrai mobile de sa démarche. Nul doute que, n'ayant pas réussi à arrêter les progrès de la France, il ait conçu dès ce moment l'idée de précipiter les évènements en Orient, et de pousser à la guerre russo-turque, afin d'affaiblir la Russie et d'exploiter la russophobie

proverbiale de M. Disraeli, qui venait de succéder à M. Gladstone au pouvoir en Angleterre.

Cette fois, le chancelier allemand allait jouer gros jeu ou plutôt,
il allait jouer avec le feu ; et, comme, pour l'exécution de tels projets, il faut des organes spéciaux, il s'entendit avec l'Autriche, et
les deux puissances allemandes rappelèrent presque simultané-
ment leurs ambassadeurs à Constantinople. Le cabinet de Berlin
s'y fit représenter par le baron de Werther, bien connu par son
attachement à la Russie, et celui de Vienne, par le comte Zichy,
un des rares Hongrois russophiles. Ces ambassadeurs avaient
reçu des instructions identiques : ils devaient tout simplement
se laisser conduire par le général Ignatiew, toujours et quand
même. A quelqu'un, qui se disait étonné de l'indifférence dont
la diplomatie austro-allemande faisait preuve en présence des
intrigues russes, le baron de Werther répondit textuellement :
« Nos instructions portent que nous ne devons jamais nous
opposer à la politique de notre collègue de Russie, et que nous
devons nous borner à suivre les évènements avec attention. »

La révolution ne tarda pas à être fomentée sur la Turquie
d'Europe par la diplomatie russe avec une telle légèreté, que
celle-ci se trouva prise dans l'engrenage de ses propres machi-
nations, et la Russie fut ainsi obligée à tirer l'épée dans une lutte
énervante, où elle ne devait rien gagner, et où elle devait jouer
le rôle humiliant de Raton. Un instant, elle crut pouvoir éviter
cette guerre à laquelle elle s'apprêtait à contre-cœur ; mais l'ha-
bile chancelier eut soin d'envoyer le Dr Busch à Constantinople
pour rassurer les Turcs sur les intentions de l'Allemagne et de
l'Autriche, et pour dire à Midhat-Pacha, dans le langage allégo-
rique qui plaît tant aux Orientaux, que « les vues des cinq puissances continentales sur la question d'Orient, étaient aussi con-
formes que les cinq doigts de la main sont égaux entre eux en
longueur ». Pouvait-on nier plus catégoriquement l'accord entre
les trois grandes puissances, dont se prévalait la Russie pour
arracher à la Porte une concession, fût-elle insignifiante, mais
qui sauvât son amour-propre ? Pouvait-on mieux encourager les
Turcs à la résistance ?

La guerre déclarée, lord Beaconsfield fut dans toutes les inquiétudes. La tactique du prince de Bismarck commençait à donner ses résultats, et celui-ci ne manquait aucune occasion d'ajouter à l'ahurissement du cabinet britannique par des déclarations d'un ardent russophilisme. Il continua ce jeu jusqu'à la signature du traité de San Stefano. Mais quand il vit la Russie sur le point de recueillir le fruit de succès militaires chèrement payés, il trouva qu'il était temps de l'arrêter et prononça le fameux discours où il disait que, si des liens d'amitié séculaire attachaient l'Allemagne à la Russie, des intérêts majeurs lui faisaient un devoir de ne permettre en aucune façon qu'il fût porté atteinte à ceux de l'Autriche. Après cet avertissement, qui clouait le grand-duc Nicolas aux portes de Constantinople, il eut soin d'ajouter qu'une amitié sincère unissait l'Allemagne à la Grande-Bretagne. C'était une invitation à lord Beaconsfield pour s'entendre avec lui. La présence d'une armée russe à San Stefano fournissait d'ailleurs au chancelier allemand un excellent moyen de pression sur le cabinet britannique, auquel il posa nettement l'alternative suivante : ou les Russes maîtres de Constantinople et des détroits, ou une entente anglo-germanique pour la solution de la question d'Orient dans le sens des intérêts austro-allemands. On sait que lord Beaconstield n'hésita point, qu'il lâcha l'Hellénisme, dont il s'était constitué le défenseur à défaut d'autre programme, et qu'il adopta la combinaison austro-allemande. Le prince de Bismarck touchait enfin à la réalisation de son rêve doré ; il avait ébauché l'alliance anglo-austro-allemande, qui devait isoler la France et adjuger à l'Autriche la Turquie d'Europe. Lord Beaconsfield poussait même la bienveillance envers le cabinet de Vienne jusqu'à prier le comte Andrassy, au sein du Congrès, de vouloir bien accepter la Bosnie et l'Herzégovine, tandis que le chancelier allemand tournait définitivement le dos à la Russie, dont il s'était suffisamment servi et qui ne pouvait plus lui être utile dans la suite.

Mais la joie du prince de Bismarck devait être de courte durée. Un évènement inattendu vint déranger ses plans et faire crouler l'échafaudage politique qu'il avait élevé, fruit de tant de patience et de peines. Le cabinet tory, battu aux élections générales, avait cédé le pouvoir à un cabinet libéral en Angleterre.

M. Gladstone, adversaire, par principe, de toute combinaison tendant à entraîner son pays dans le tourbillon des compétitions continentales, trouva un programme qui permettait à son pays de ne pas associer sa politique à celle du Césarisme prussien, et de ne point prêter les mains à l'exécution de projets visant l'isolement de la France. Grâce à ce programme, la Grande-Bretagne éluda l'alternative posée par le chancelier allemand : « Ni le panslavisme russe, ni la prépondérance autrichienne, s'écria M. Gladstone, mais l'Orient aux Orientaux. » Il prit dès lors la défense de l'Hellénisme, et, tout en conservant à l'Angleterre sa liberté d'action, il tira la France de la situation périlleuse où l'habileté du prince de Bismarck l'avait placée.

Cette situation était en effet de nature à inquiéter les Français et leurs amis ; car, ou bien la France se fût croisé les bras, et eût assisté de loin à la solution de la question d'Orient au profit exclusif du germanisme, ou bien elle se fût alliée à la Russie pour s'y opposer par la force. Dans le premier cas, elle eût compromis ses intérêts dans la Méditerranée et en Orient, sans compter qu'elle eût abdiqué son rang de grande puissance et déchu de ses traditions, en laissant régler en dehors de sa participation une question, qui n'a jamais échappé à son contrôle ; dans l'autre, elle eût marié ses intérêts à ceux du Panslavisme, tandis qu'elle eût permis à l'Allemagne d'associer les siens à l'intérêt général de l'Europe, et elle eût provoqué ainsi une coalition formidable contre elle et contre la Russie. Alternative terrible, à laquelle la France n'aurait pas été soustraite sans le hasard, sans l'avènement au pouvoir en Angleterre d'un cabinet libéral, sous la présidence de M. Gladstone.

Grâce à cet évènement, la politique du chancelier allemand a perdu son assiette, et le développement de son plan oriental est devenu, pour le présent du moins, impraticable. Il ne peut amener une entente solide et durable entre l'Autriche et la Russie, qui représentent deux courants distincts et opposés, et dont les intérêts sont en conflit permanent aussi bien sur le Danube que sur les Balkans. S'il persiste à soutenir l'Autriche, il sera l'ennemi de la Russie ; s'il opte pour celle-ci, il poussera l'autre dans les bras des puissances occidentales.

Cette circonstance met le chancelier allemand dans un embarras, que ne saurait dissimuler son indifférence affectée en présence de la tournure inquiétante que vient de prendre la question hellénique. Car, si le problème oriental venait à être mis sur le tapis, si, par suite de l'explosion d'un conflit turco-hellénique, l'empire ottoman venait à s'écrouler, l'Allemagne et l'Autriche devraient fatalement se croiser les bras et laisser faire les puissances occidentales, sous peine de provoquer une conflagration générale, dont elles seraient appelées à faire les frais. En effet, si en ce moment l'Autriche dépassait la ligne de Novi-Bazar, ce serait la guerre avec la Russie et l'Angleterre, guerre dont l'Italie ne manquerait pas de profiter, pour s'annexer le Tyrol; et, si l'Allemagne faisait mine de soutenir son alliée, la France pourrait bien trouver que l'heure de la revanche a sonné.

Cette situation extrêmement difficile donne une certaine vraisemblance à la nouvelle donnée récemment par la presse anglaise d'un compromis secret entre l'Allemagne et l'Autriche d'une part, et la Porte de l'autre, pour le règlement de la question hellénique au moyen de concessions que celle-ci ferait à la dernière heure. Dans certains cercles politiques à Constantinople, on affirme même que les puissances allemandes auraient pris, à cette occasion, l'engagement de faire tout ce qui était diplomatiquement possible, pour épargner à la Porte la cession de Janina et de Metzovo, et que c'est en échange de cet engagement que celle-ci aurait promis, sans réserve, d'éviter la guerre. A la vérité cette promesse était superflue, par la raison que la Porte a dépensé dans la guerre contre la Russie son dernier écu et épuisé complètement son crédit. Elle ne saurait, avec les cent mille hommes tout au plus qu'elle a présentement sous les armes, sur toute l'étendue de l'empire ottoman, guerroyer avec la Grèce, observer les Bulgares, les Serbes, les Albanais, les Monténégrins, les Perses, les Russes et tenir dans l'obéissance toute une collection de races disséminées sur un très vaste territoire. Il lui faudrait donc mobiliser une armée deux, sinon trois fois plus considérable, et équiper sa flotte, laquelle est dans tous les états. Or, si elle parvient à peine aujourd'hui à nourrir un nombre relativement restreint de soldats, peut-elle songer à augmenter considérablement ce nombre, sans autre ressource qu'un emprunt forcé de 40 millions de francs, lequel sera absorbé, sitôt rentré, par les besoins pressants du Trésor?— Assurément non. — Les Turcs sont des esprits pratiques, ils ne feront la guerre que s'ils trouvent de puissants alliés ou de l'argent, et, comme il est à peu certain qu'ils ne trouveront ni l'un ni l'autre, on peut affirmer, sans crainte de se tromper, qu'ils maintiendront la paix. Comment d'ailleurs faire la guerre pour défendre une ou deux villes de médiocre importance, quand, pour sauver ces villes, il faut s'exposer à perdre quatre ou cinq provinces? Les Turcs auraient tous perdu la raison, qu'on ne leur supposerait pas des idées plus insensées. Ils ont commis sans doute des fautes, comme tout le monde; mais les fautes de l'univers entier réunies ne sauraient égaler en folie la résolution qu'on leur attribue gratuitement aujourd'hui. Et si les puissances allemandes ont tenu à s'assurer des dispositions pacifiques de la Porte, leur démarche ne prouve pas qu'elles croient à la possibilité de la guerre, mais bien que les embarras de la situation qui leur est faite leur commandent un surcroît de précaution.

Autant la situation de l'Allemagne est difficile depuis le revirement politique qui s'est opéré en Angleterre, autant celle de la France est favorable. Appuyée d'un côté sur la Grande-Bretagne et de l'autre sur l'Italie, et pouvant compter sur le concours de la Russie, dont l'influence en Orient est menacée par l'alliance austro-allemande, la République française est en mesure, non seulement d'appuyer, mais anssi de diriger si elle le veut, et cela sans courir le moindre risque, la campagne politique entreprise par l'Europe pour régler la question d'Orient. Mais les hommes d'État français ont-ils compris les avantages de cette situation? Ont-ils saisi la portée de la politique allemande? Ont-ils reconnu le service signalé que le parti libéral anglais a rendu à la France? Ont-ils appuyé comme il convenait ce parti? Ont-ils cherché à cimenter les rapports d'amitié de leur pays avec l'Angleterre? Ont-ils cherché à rendre au prince de Bismarck la pareille, en isolant les puissances allemandes et en rendant l'alliance anglo-germanique impraticable? La réponse que nous pouvons faire à

toutes ces questions, sans offenser la vérité, est malheureusement négative. Les ministres de la République n'ont rien vu, rien
compris absolument, et ils n'ont rien fait qui ne fût à l'en-
contre des intérêts de la France et en faveur de la politique allemande.

Effectivement, en présence des projets du prince de Bismarck,
de l'activité dévorante que celui-ci déployait, pour frapper la
France dans ses intérêts, dans sa dignité, dans son prestige, quel
était le devoir des ministres de la République ? Devaient-ils s'en-
dormir comme ils l'ont fait, et attendre du hasard, d'un change-
ment ministériel en Angleterre la sauvegarde de l'honneur et des
intérêts de leur pays ? Ne devaient-ils point agir de leur côté
dans la mesure de leurs moyens pour déjouer des calculs si dangereux ? On crut un instant qu'ils allaient le faire, lorsque
M. Waddington éleva la voix dans le Congrès de Berlin en faveur de la race grecque. On pensa que la France avait éventé la
mèche, et qu'elle opposait le facteur hellénique à la combinaison
austro-allemande. Mais cette illusion dura peu, et on s'aperçut
bientôt que le représentant de la République s'était donné simplement une contenance, en posant la question hellénique au
sein d'une réunion qui procédait à des remaniements dont il ne
saisissait ni le but ni la portée. Oui, l'évènement a prouvé que la
France officielle ignorait le danger qui la menaçait du dehors.
Prêtant une attention médiocre à ce qui se passait au-delà de ses
frontières, elle croyait que la sécurité du pays résidait dans une
politique d'effacement ou de réserve timorée, et elle laissait les
coudées franches à une diplomatie entreprenante, qui ne manque
aucune occasion de lui tendre un guet-apens.

Si l'on doit accuser d'insouciance coupable les hommes d'État
qui n'ont rien essayé, rien tenté pour contrecarrer les projets
allemands, de quoi faut-il accuser les ministres qui ont suivi une
politique diamétralement opposée aux intérêts nationaux, qui
ont favorisé, sans le savoir, bien entendu, les visées du prince de
Bismarck et qui ont poussé la bonhomie jusqu'à aimer ceux qu'il
aime et à détester ceux qu'il déteste ? Mais laissons au lecteur le
soin de caractériser cette politique et contentons-nous de la suivre
dans le dédale de son inextricable carrière.

De l'aveu de tous, **M.** Gladstone est, depuis son avènement au pouvoir, la pierre d'achoppement, l'obstacle le plus sérieux que rencontre le développement de la politique orientale du chancelier allemand, de cette politique qui tend à isoler la France et à placer l'Allemagne à la tête d'une triple alliance. A ce seul titre, le chef du parti libéral anglais ne devait-il pas être l'objet de la constante sollicitude des hommes d'État français? Ne devait-il pas être soutenu, appuyé par le gouvernement de la République? Ses succès et ses échecs ne devraient-ils pas être considérés à Paris comme des succès et des échecs de la France? Eh bien, non, et il s'est trouvé des hommes d'État et des journaux grand format, qui ont pris à tâche d'énumérer avec une joie indicible ses embarras, de l'attaquer avec violence, de le représenter comme un jacobin, un incendiaire, tout cela, évidemment, afin de lui ôter l'appui de leur gouvernement, de faire échouer sa politique orientale et de fournir des armes à ses adversaires, qui guettent l'occasion de le renverser.

Ces hommes d'État et ces journaux ont travaillé avec tant d'assiduité et de persévérance à cette tâche antipatriotique, qu'ils ont fini par obliger les ministres de la République à garder une attitude froide vis-à-vis de **M.** Gladstone, à se décharger sur ses épaules de toute la responsabilité de la question hellénique, à lui retirer peu à peu l'appui de la France et à l'abandonner presque complètement à un moment où, assiégé par une foule de questions au dedans et au dehors, il était en butte à d'insurmontables difficultés. Ainsi, l'homme qui a dénoncé au monde le complot politique ourdi contre la France, l'homme, dont la chute exposerait la dignité et les intérêts de ce pays à un grand danger, cet homme, que les ministres français auraient dû, pour ainsi dire, créer, s'il n'existait pas, a été l'objet d'une froideur et d'une méfiance systématiques de leur part.

On a dit que la politique des libéraux anglais était subversive. Rien de plus faux. Cette politique était et est encore aussi sage que modérée; elle prescrit, il est vrai, la sévérité à l'égard des Turcs, mais c'est pour les soustraire à la catastrophe qui les menace. Si elle était loyalement secondée par la France, comme celle de lord Beaconsfield l'a été dans les affaires d'Égypte, les questions qui restent encore en suspens n'existeraient pas depuis longtemps, et l'empire ottoman, qui s'épuise aujourd'hui en armements inutiles, jouirait d'une paix profonde. Malheureusement cette politique avait l'inconvénient de déplaire au prince de Bismarck ; elle était subversive de ses plans ; elle laissait l'Orient aux Orientaux, tandis que le chancelier allemand voulait en faire l'apanage de l'Autriche ; elle conservait à la Grande-Bretagne sa liberté d'action, tandis qu'il voulait l'attacher à son char et en faire l'instrument de sa haine contre la France.

Pour faire échouer une telle politique, le prince de Bismarck ne pouvait raisonnablement compter que sur l'appui de l'Autriche. Mais il était écrit que le concours le plus efficace lui viendrait du côté d'où il s'y attendait le moins et qu'il combattrait M. Gladstone de concert avec ceux-là mêmes qui avaient le plus intérêt à le faire triompher. Les ministres français, rivalisant de zèle avec leurs collègues d'Autriche, ont eu soin en effet de ne rien entreprendre, de ne rien tenter qui pût faciliter la tâche des libéraux anglais. La politique française aurait été solidaire de la politique allemande que ces ministres n'auraient pas agi autrement. Ainsi, l'Allemagne se roidissait afin de paralyser le concert européen, sur lequel M. Gladstone comptait pour exécuter le traité de Berlin, et la France devenait inerte, pour rendre ce concert tout à fait illusoire ; l'Allemagne et l'Autriche faisaient des réserves sur l'opportunité des mesures coercitives, et la France déclarait, sans y être nullement obligée, que ses vaisseaux ne tireraient aucun coup de canon, pour achever de faire de la démonstration navale une pure comédie. C'était entre Paris, Berlin et Vienne une étrange émulation à qui enfoncerait le premier l'audacieux ministre qui avait crié : « A bas les mains ! » à l'alliée de l'Allemagne et qui s'était permis de déjouer des calculs visant l'isolement et l'humiliation de la France. C'est incroyable ; et pourtant cela est.

Mais c'est dans les dernières évolutions de la politique française et tout particulièrement dans le Livre jaune, que l'insuffisance des hommes d'État de la République saute aux yeux. Ce recueil de documents sans suite, sans liaison, fourmillant de renseignements inexacts et émaillé de contradictions, trahit une appréciation erronée de l'importance de la question grecque. Aux yeux de ces hommes d'État, cette question est tout bonnement affaire d'amour-propre national, et la France n'est pas plus intéressée que les autres puissances à l'avenir de la Grèce ; elle a entrepris de faire quelque chose pour ce pays, et elle se doit à elle-même de bâcler cette affaire de n'importe quelle façon, pourvu que quelque chose soit arraché aux Turcs et donné aux Grecs.

On n'a donc pas compris dans les hautes sphères françaises qu'il s'agit moins de satisfaire à l'ambition du peuple hellénique. d'obliger le roi Georges et de gagner sa sympathie ainsi que celle de ses sujets, que de se ménager en Orient un point d'appui pour la politique orientale de la France. On n'a pas compris que la question hellénique n'est pas un moyen d'obtenir un succès diplomatique purement moral, mais bien celui de préparer, de fortifier le seul facteur que la France puisse opposer un jour à ceux des autres. Si l'on avait compris cela, on eût procédé avec plus de circonspection, et on n'eût pas cherché précipitamment une solution quelconque, à l'aide de la première ligne de démarcation venue ; on se fût au contraire efforcé de donner à l'élément hellénique des frontières propres à aider à son développement et à le préparer convenablement au rôle que les intérêts occidentaux lui assigneront tôt ou tard en Orient. N'a-t-on pas remarqué avec quelle attention, avec quelle sollicitude la Russie a surveillé la délimitation de la Bulgarie, de la Roumélie orientale et du Montenegro ? Avec quel soin elle a étudié les moindres détails et avec quelle opiniâtreté elle a disputé pas à pas le terrain contre l'Angleterre et la Turquie ? Eh bien, tout comme les Bulgares et les Monténégrins sont les facteurs de la Russie, tout comme l'Autriche est celui de l'Allemagne, la Grèce doit être le facteur de la France, de l'Angleterre et de l'Italie, si ces puissances tiennent à exercer en Orient la part d'influence qui leur revient, si elles tiennent à l'équilibre des forces dans la Méditerranée.

Que dire, dès lors, de l'air dégagé dont M. Barthélemy Saint-Hilaire tranche à lui seul la question importante de l'interprétation du protocole de la Conférence de Berlin et caractérise ce

protocole de facultatif? Que devient l'étude approfondie des spé-
cialistes réunis à Berlin pour la fixation d'une frontière capable
de protéger la Grèce contre toute agression? Qui a pu obliger le
ministre français à donner une interprétation si contraire à la
logique et si diamétralement opposée aux déclarations anté-
rieures des puissances, formulées dans une note collective?
Pourquoi n'a-t-il pas consulté l'Angleterre et l'Italie au moins
avant de porter atteinte aux intérêts de ces puissances en Orient?
Le livre jaune ne répond à aucune de ces questions; il se borne
à refléter les appréhensions vagues qui hantaient l'esprit du ministre français, ses terreurs paniques et les visions effrayantes
qui frappaient son imagination. Tantôt c'étaient des Palikares
hellènes, armés de torches enflammées et mettant le feu aux
quatre coins de l'Europe; tantôt des bachibouzouks turcs en-
vahissant l'Attique le cimeterre à la main, et plantant de nouveau le croissant sur les murs de l'Acropole. Appréhensions
puériles, qu'un peu de coup d'œil et de sang-froid eût dissipées.
Car enfin ni les Grecs ne sont si intraitables, ni les Turcs si terri-
bles. Ces derniers surtout ne songeaient guère, dans l'état d'é-
puisement où ils étaient, à prendre une attitude héroïque. C'est
par le livre jaune qu'ils ont appris la haute opinion que la
France avait encore de leur force, et aussitôt la mobilisation des
réserves a été décrétée, et des bateaux ont sillonné la mer pour
les transporter en Thessalie et en Épire. Après avoir pris ces
dispositions pour achever d'intimider l'Europe, ils ont convié
les puissances à de nouvelles négociations afin d'anéantir l'œuvre
de Berlin, à laquelle M. Barthélemy Saint-Hilaire avait porté le
premier coup.

Sans l'effarement déplorable du ministre français, le protocole de la Conférence de Berlin eût suffi à détourner les Turcs
de tout projet de résistance sérieuse; car combattre la Grèce,
armée de ce protocole, c'eût été combattre les six grandes puissances européennes. Aujourd'hui, au contraire, la Porte, se
prévalant de l'interprétation faite par la France et acceptée avec
empressement par l'Autriche et par l'Allemagne, ne serait pas
censée enfreindre une loi européenne en déclarant la guerre à
la Grèce, et la seule garantie de la paix réside dans les embarras

politiques et financiers qui assiègent le gouvernement ottoman et qui l'empêchent de courir les aventures. Sans cette circonstance, M. Barthélemy Saint-Hilaire eût infailliblement allumé l'incendie qu'il s'efforçait de prévenir.

Mais si, par son interprétation toute fantaisiste de la résolution de la Conférence, le savant ministre de la République a compromis les intérêts occidentaux en Orient, il peut se vanter, sans crainte d'être contredit, d'avoir rendu un service signalé à l'Allemagne et d'avoir puissamment contribué au succès politique qu'elle a remporté. Ses fameuses circulaires ont offert en effet au chancelier allemand le double avantage de faire échouer dans une certaine mesure la politique de M. Gladstone dans la question grecque et d'asseoir l'influence allemande à Constantinople sur des bases solides. Nous ignorons s'il faut ajouter foi à la nouvelle dont nous avons parlé plus haut, que les puissances allemandes avaient promis à la Porte de faire leur possible pour lui conserver Janina et Metzovo; le fait est cependant que le prince de Bismarck n'a pas manqué de se prévaloir de l'atteinte portée au protocole par la France comme d'un service rendu par lui à la Porte et que son influence est en ce moment prépondérante à Constantinople, où l'ambassadeur d'Allemagne joue le rôle de médiateur entre ses collègues et le gouvernement ottoman.

Sans doute, le prince de Bismarck pouvait faire ce que M. Barthélemy Saint-Hilaire a fait; il pouvait même aller plus loin et déclarer nulle et non avenue la résolution de la Conférence. Mais, du moment qu'il était assez heureux pour avoir des adversaires toujours portés, par un hasard inconcevable, à aller au-devant de ses désirs et à agir dans le sens de ses intérêts, quel besoin avait-il de se rétracter le premier et de dénoncer un protocole, issu d'une conférence qui s'était réunie à Berlin même? Maintenant, a-t-il compté sur sa bonne étoile et sur l'inexpérience des hommes d'État français? A-t-il formulé le désir de voir partir cette dénonciation de Paris? M. de Saint-Vallier a-t-il deviné ce désir? Ce sont des questions auxquelles on serait embarrassé de répondre, et il vaut mieux s'en tenir à l'insuffisance des ministres de la République. Ainsi, pauvre France, à tes alliés d'outre-Manche un croc-en-jambe, à tes protégés les Grecs la perte de Janina et de Metzovo, à ton adversaire d'outre-Rhin un succès politique et un surcroît d'influence à Constantinople, et à toi, la chute de ton prestige renaissant à Athènes et la honte de la palinodie par-dessus le marché. Voilà les résultats pratiques de cette série de notes diplomatiques, rédigées avec grand soin par le plus savant de tes ministres. C'est le cas ou jamais de t'écrier : « Mon Dieu, sauve-moi de mes ministres ! »

Ce dernier coup a mis au désespoir M. Gladstone. La France, non contente de lui susciter des obstacles à chaque pas par ses craintes et par ses hésitations, venait de détruire l'œuvre commune de la Conférence, et de rendre désormais impraticable l'exécution intégrale du traité de Berlin, en offrant une prime à la résistance des Turcs aux vœux de l'Europe. En homme clairvoyant et pratique, il pensa qu'il était temps de s'entendre d'une façon plus particulière avec celui qu'il soupçonnait être, à tort ou à raison, l'instigateur de cette opposition sourde que sa politique rencontrait partout sur son chemin.

L'expérience lui avait d'ailleurs appris que la France n'appréciait pas à sa juste valeur la coopération de l'Angleterre dans la question d'Orient, et qu'elle semblait au contraire obéir à un pouvoir invisible, qui la tenait éloignée de ses alliés naturels. Autant valait donc aborder franchement ce pouvoir, lequel paraissait de son côté désireux de se rapprocher du parti libéral, et faisait savoir qu'il serait bien aise de recevoir la visite de M. Goschen à son passage, pour retourner à Constantinople.

L'ambassadeur d'Angleterre reçut donc l'ordre de se rendre à Berlin sans s'arrêter à Paris. Le prince de Bismarck avait réussi à séparer la France et les libéraux anglais dans la question d'Orient, et ce succès politique doit lui être compté parmi les faits les plus considérables de sa brillante carrière. Comment ne pas admirer cet éminent homme d'État, qui, exposé à un isolement dangereux avec l'Autriche pour seul allié, au milieu de l'Europe en armes, réussit néanmoins, grâce à son tact et à son imperturbable sang-froid, à effrayer ou à influencer la France, dont la situation est aussi favorable que celle de l'Allemagne est difficile !

Nous venons de voir à l'œuvre la politique extérieure de la France. Nous l'avons vue, insouciante et inactive, laisser le champ libre au prince de Bismarck ; nous l'avons vue ensuite, flottante et indécise, se méfier de ses amis et alliés naturels, leur accorder une assistance négative, ou leur refuser catégoriquement son appui et décliner toute solidarité avec eux, à la grande satisfaction du chancelier allemand ; nous l'avons vue, enfin, éperdue et affolée, compromettre, avec une légèreté et une précipitation qui tenaient du vertige, l'œuvre de la conférence de Berlin, pousser l'Angleterre dans les bras de l'Allemagne, fortifier l'influence allemande à Constantinople et perdre son prestige à Athènes.

Cette succession de faits inouïs, cette série de fautes politiques sont de nature à suggérer des réflexions amères. Car elles attestent que la France officielle n'a pas conscience de ses droits et de ses devoirs, qu'elle n'est nullement préoccupée de rattacher ses intérêts à l'intérêt général de l'Europe, et qu'elle tend au contraire à se renfermer dans l'isolement que la politique allemande lui ménage. Cette tendance dénote un égoïsme mal entendu, dont le résultat immédiat sera d'obliger les autres puissances occidentales à chercher, dans un compromis avec l'alliance austro-allemande, l'équilibre politique que la désertion de la France aura rompu, et alors l'isolement de ce pays sera un fait accompli, et le prince de Bismarck aura atteint son but.

Qu'on ne se fasse pas illusion : la visite de M. Goschen à Berlin n'est pas un fait sans importance ; c'est, au contraire, le signe d'un certain rapprochement entre les libéraux anglais et l'Allemagne. Par cette démarche, l'Angleterre libérale reconnaît en quelque sorte ce que l'Angleterre conservatrice a hautement proclamé, à savoir : que Paris n'est plus un point d'appui sûr pour le développement d'une politique visant l'ensemble des intérêts de la famille européenne, et que le caractère flottant et indécis de la politique française rend désormais l'ancien centre de l'alliance occidentale un sol mouvant, sur lequel on ne peut rien élever de solide et de durable.

Le jour où cette croyance des tories sera entièrement partagée par les libéraux, le jour où ceux-ci se résoudront à composer avec le prince de Bismarck, la France se verra poussée irrésistiblement dans les bras de la Russie, tandis que le chancelier allemand se trouvera, de ce fait, à la tête d'une puissante alliance. Cette terrible perspective ne peut laisser la France longtemps indifférente, et les amis de cette grande nation, qui ont appris à la voir marcher constamment à la tête de la civilisation et du progrès, entourée de l'estime universelle et solidaire des intérêts généraux, ne peuvent se faire à l'idée qu'elle méconnaîtra ses intérêts et les devoirs que lui impose sa dignité, au point de se laisser conduire par son adversaire, et de s'enfermer dans un cercle de fer. Rien n'est, du reste, plus facile, que de rendre illusoires les projets que le prince de Bismarck nourrit. Une entente sincère avec l'Angleterre et l'Italie, pour maintenir l'équilibre en Europe, une politique extérieure nettement déterminée, excluant toute provocation, mais aussi toute crainte et toute faiblesse, et un programme défini et concerté avec les puissances occidentales, et, si possible, avec la Russie aussi pour l'attitude à garder dans la question d'Orient, voilà ce que la France doit faire, afin de mettre ses intérêts méditerranéens à l'abri de toute surprise. Mais il faudrait pour cela ne plus arracher des hommes de lettres à leurs études, pour les élever soudainement à de hautes dignités ; car ce n'est pas en violentant la vocation des savants que l'on peut avoir une bonne politique. La France a besoin d'hommes d'État clairvoyants et expérimentés, capables de suivre et de surveiller attentivement les allures de ses ennemis et de déjouer leurs calculs. « Pour faire de la politique, a dit un grand homme de l'antiquité, il ne suffit pas d'être bien intentionné et haut placé dans la société ; mais il faut encore avoir un jugement solide et une expérience consommée. »

Paris. — Typographie Georges Chamerot, 19, rue des Saints-Pères. — 10939.

www.ingramcontent.com/pod-product-compliance
Lightning Source LLC
Chambersburg PA
CBHW061611050726
47595CB00007B/2910